CHAM KOREAN 1
WORK BOOK

한국어 1 워크북

도서출판 참

Contents

제1과 이것이 무엇입니까?

문법01

가: 이것[그것, 저것]이 무엇입니까?
나: N입니다

가: 이것이 무엇입니까?
나: 책상입니다.

가: 그것이 무엇입니까?
나: 의자입니다.

가: 저것이 무엇입니까?
나: 볼펜입니다.

받침 O : N이 무엇입니까?
　　　　　 N입니다

받침 X : N가 무엇입니까?
　　　　　 N입니다

연습

보기	가: 이것이 무엇입니까? 〈책상〉
	나: 책상입니다.

N이/가 무엇입니까?	N입니다
① 이것	양말
② 그것	지우개
③ 저것	칠판
④ 그것	책
⑤ 이것	사전
⑥ 저것	모자
⑦ 그것	컴퓨터
⑧ 이것	휴대 전화
⑨ 저것	운동화
⑩	

쓰세요

보기	이것, 무엇? / 의자
가: 이것이 무엇입니까? 나: 의자입니다.	가: N이/가 무엇입니까? 나: N입니다

① 이것, 무엇? / 창문

가

나

② 그것, 무엇? / 가방

가

나

③ 저것, 무엇? / 꽃

가

나

④ 이것, 무엇? / 나무

가

나

⑤ 그것, 무엇? / 시계

가

나

⑥

가

나

문법 02

가: N이/가 N입니까?
나: 네, N입니다 / 아니요, N이/가 아닙니다

가: 이것[그것, 저것]이 N입니까?
나: 네, N입니다.
　　아니요, N이/가 아닙니다.

가: 이것이 책상입니까?
나: 네, 책상입니다.
　　아니요, 책상이 아닙니다.

받침 O : N이 N입니까?
　　　　네, N입니다
　　　　아니요, N이 아닙니다

받침 X : N가 N입니까?
　　　　네, N입니다
　　　　아니요, N가 아닙니다

연습

보기

　　가: 이것이 책상입니까?
　　나: 아니요, 책상이 아닙니다.

N이/가 N입니까?	아니요, N이/가 아닙니다
① 이것 / 창문	창문
② 그것 / 볼펜	볼펜
③ 저것 / 사전	사전
④ 그것 / 모자	모자
⑤ 이것 / 의자	의자
⑥ 저것 / 휴대 전화	휴대 전화
⑦ 그것 / 컴퓨터	컴퓨터
⑧ 이것 / 운동화	운동화
⑨ 저것 / 문	문
⑩	

① 이것, 창문? / 네, 창문

가

나

② 그것, 가방? / 네, 창문

가

나

③ 저것, 꽃? / 네, 꽃

가

나

④ 이것, 나무? / 네, 나무

가

나

⑤ [　　　]　　[　　　]　　[　　　]

가

나

 쓰세요 2

> **보기** 이것, 책상? / 아니요

가: 이것이 책상입니까? 나: 아니요, 책상이 아닙니다.	가: N이/가 N입니까? 나: 아니요, N이/가 아닙니다

① 이것, 나무? / 아니요,

가 _____

나 _____

② 그것, 볼펜? / 아니요,

가 _____

나 _____

③ 저것, 문? / 아니요,

가 _____

나 _____

④ 이것, 운동화? / 아니요,

가 _____

나 _____

⑤ _____

가 _____

나 _____

 맞는 것에 ○표 하세요

| **보기** | 책((이,) 가) 아닙니다. |

① 지우개(이, 가) 아닙니다.

② 창문(이, 가) 아닙니다.

③ 볼펜(이, 가) 아닙니다.

④ 가: 이것(이, 가) 무엇입니까?
　 나: 컴퓨터입니다.

⑤ 그것이 무엇(입니다, 입니까)?

⑥ 운동화(이, 가) 아닙니다.

⑦ 시계(이, 가) 아닙니다.

⑧ 연필(이, 가) 아닙니다.

⑨ 구두(이, 가) 아닙니다.

⑩ 책(이, 가) 아닙니다.

제2과 만나서 반갑습니다

문법01   N은/는 N입니다

저는 김민수입니다.
왕징 씨는 중국 사람입니다.
선생님은 한국 사람입니다.

받침 O : N은 N입니다
받침 X : N는 N입니다

연습 1

| 보기 |

가: 미국 사람입니까?

나: 아니요, 미국 사람이 아닙니다. 저는 한국 사람입니다.

N입니까?	아니요, N이/가 아닙니다. 저는 N입니다
① 일본 사람	일본 사람 / 중국 사람
② 중국 사람	중국 사람 / 캐나다 사람
③ 영국 사람	영국 사람 / 미국 사람
④ 미국 사람	미국 사람 / 일본 사람
⑤ 몽골 사람	몽골 사람 / 한국 사람
⑥ 캐나다 사람	캐나다 사람 / 영국 사람
⑦ 한국 사람	한국 사람 / 일본 사람
⑧ 영국 사람	영국 사람 / 중국 사람
⑨ 몽골 사람	몽골 사람 / 한국 사람
⑩	

| 이름이 무엇입니까? | 제 이름은 | 입니다 |

연습 2

| 보기 | 이것은 제 책입니다. |

N은/는	제 N입니다
① 그것	공책
② 이것	가방
③ 저것	시계
④ 이것	운동화
⑤ 그것	볼펜
⑥ 저것	컴퓨터
⑦	

문법 02

N은/는 N을/를 V-(스)ㅂ니다

| 저는 빵을 먹습니다.
마이클 씨는 한국어를 공부합니다.
왕징 씨는 텔레비전을 봅니다. | 받침 O : N은 N을 V-습니다
받침 X : N는 N를 V-ㅂ니다 |

쓰세요 1

N	받침 O : 을 받침 X : 를	V		받침 O : 습니다 받침 X : ㅂ니다
밥	을	먹	다	먹습니다
빵		먹	다	
콜라		마시	다	
텔레비전		보	다	
한국어		배우	다	
중국어		가르치	다	
책		읽	다	

연습 1

보기	가: 마이클 씨는 한국어를 공부합니까? 나: 네, 저는 한국어를 공부합니다.

N은/는	N을/를	V-(스)ㅂ니까?	네, 저는 N을/를 V-(스)ㅂ니다
① 왕홍 씨	영어	공부하다	영어 / 공부하다
② 선생님	한국어	가르치다	한국어 / 가르치다
③ 벤자민 씨	중국어	배우다	중국어 / 배우다
④ 지훈 씨	밥	먹다	밥 / 먹다
⑤ 제니 씨	콜라	마시다	콜라 / 마시다
⑥ 서윤 씨	텔레비전	보다	텔레비전 / 보다
⑦ 흐엉 씨	책	읽다	책 / 읽다
⑧ 윌슨 씨	일본어	공부하다	일본어 / 공부하다
⑨ 에리나 씨	한국어	배우다	한국어 / 배우다
⑩			

연습 2

┃보기┃ 가: 마이클 씨는 한국어를 공부합니까?
나: 아니요, 저는 중국어를 공부합니다.

N은/는	N을/를	V-(스)ㅂ니까?	아니요, 저는 N을/를 V-(스)ㅂ니다
① 왕훙 씨	영어	공부하다	일본어 / 공부하다
② 선생님	한국어	가르치다	중국어 / 가르치다
③ 다니엘 씨	중국어	배우다	한국어 / 배우다
④ 민지 씨	밥	먹다	빵 / 먹다
⑤ 제니 씨	콜라	마시다	커피 / 마시다
⑥ 지훈 씨	텔레비전	보다	영화 / 보다
⑦ 흐엉 씨	책	읽다	신문 / 읽다
⑧ 벤자민 씨	일본어	공부하다	한국어 / 공부하다
⑨ 에리나 씨	한국어	배우다	영어 / 배우다
⑩			

쓰세요 2

가: 마이클 씨는 무엇을 먹습니까? 〈빵〉 나: 저는 빵을 먹습니다.	가: N은/는 무엇을 V-(스)ㅂ니까? 나: 저는 N을/를 V-(스)ㅂ니다

① 에리나 씨 / 무엇 / 마시다? 〈콜라〉

가

나

② 왕홍 씨 / 무엇 / 배우다? 〈한국어〉

가

나

③ 제니 씨 / 무엇 / 가르치다? 〈영어〉

가

나

④ 민수 씨 / 무엇 / 읽다? 〈책〉

가

나

⑤ 민지 씨 / 무엇 / 보다? 〈텔레비전〉

가

나

⑥

가

나

가: 마이클 씨는 한국어를 공부합니까?
나: 네, 저는 한국어를 공부합니다.
　　아니요, 저는 중국어를 공부합니다.

가: N은/는 N을/를 V-(스)ㅂ니까?
나: 네, 저는 N을/를 V-(스)ㅂ니다
　　아니요, 저는 N을/를 V-(스)ㅂ니다

① 지훈 씨 / 중국어 / 배우다? 〈일본어〉

가

나

② 민수 씨 / 영어 / 가르치다? 〈한국어〉

가

나

③ 왕홍 씨 / 빵 / 먹다? 〈밥〉

가

나

④ 제니 씨 / 커피 / 마시다? 〈콜라〉

가

나

⑤

가

나

 말해 보세요

여러분, 안녕하십니까?

제 이름은 _____입니다.

저는 (학생, 선생님)입니다.

저는 _____ 사람입니다.

저는 _____ 을/를 공부합니다.

저는 _____ 을/를 배웁니다.

만나서 반갑습니다.

맞는 것에 ○표 하세요

┃**보기**┃　　　저(은, 는) 한국 사람입니다.

① 제 친구(은, 는) 마이클입니다.

② 저는 선생님(이, 가) 아닙니다.

③ 학생(입니다, 입니까)?

④ 가: 미국 사람입니까?
　　나: 네, 미국 사람(입니다. 입니까)

⑤ 다니엘 씨는 밥을 (입니다, 먹습니다)

⑥ 왕홍 씨는 커피를 (먹습니다, 마십니다)

⑦ 지훈 씨는 텔레비전을 (보습니다, 봅니다)

⑧ 선생님은 한국어를 (가르칩니다, 배웁니다)

⑨ 에리나 씨는 중국어를 (공부합니다, 공부하습니다)

⑩ 이것은 (저는, 제) 책입니다.

제3과 왕홍 씨는 학교에 갑니까?

문법01

N은/는 N에 갑니다 / 갑니까?
N은/는 N에 옵니다 / 옵니까?

저는 학교에 갑니다.
수진 씨는 한국에 옵니다.
마이클 씨는 도서관에 갑니까?
김 선생님은 식당에 갑니다.

받침 O : N은 N에 갑니다[옵니다]
　　　　　　 갑니까?[옵니까?]
받침 X : N는 N에 갑니다[옵니다]
　　　　　　 갑니까?[옵니까?]

 연습

| 보기 | 가: 마이클 씨, 식당에 갑니까?
나: 네, 식당에 갑니다. |

N에 갑니까?	네, N에 갑니다
① 학교	학교
② 도서관	도서관
③ 백화점	백화점
④ 사무실	사무실
⑤ 교실	교실
⑥ 가게	가게
⑦ 커피숍	커피숍
⑧ 식당	식당
⑨ 영화관	영화관
⑩	

문법 02 　N은/는 V-지 않습니다

저는 영어를 배우지 않습니다.
왕홍 씨는 빵을 먹지 않습니다.

받침 O : N은 V-지 않습니다.
받침 X : N는 V-지 않습니다.

 쓰세요

기본형		V-(스)ㅂ니다	V-지 않습니다
가	다	갑니다	가지 않습니다
오	다		
공부하	다		
배우	다		
가르치	다		
보	다		
마시	다		
먹	다		
읽	다		

보기	가: 마이클 씨, 식당에 갑니까?
	나: 아니요, N에 가지 않습니다

N에 갑니까?	아니요, N에 가지 않습니다
① 학교	학교
② 도서관	도서관
③ 영화관	영화관
④ 백화점	백화점
⑤ 식당	식당
⑥ 교실	교실
⑦ 화장실	화장실
⑧ 집	집
⑨ 커피숍	커피숍
⑩	

연습 2

보기	가: 한국어를 가르칩니까?
	나: 아니요, 한국어를 가르치지 않습니다.

N을/를 V-(스)ㅂ니까?	아니요, N을/를 V-지 않습니다
① 책 / 읽다	책 / 읽다
② 한국어 / 가르치다	한국어 / 가르치다
③ 중국어 / 배우다	중국어 / 배우다
④ 영어 / 공부하다	영어 / 공부하다
⑤ 숙제 / 하다	숙제 / 하다
⑥ 밥 / 먹다	밥 / 먹다
⑦ 커피 / 마시다	커피 / 마시다
⑧ 텔레비전 / 보다	텔레비전 / 보다
⑨ 친구 / 만나다	친구 / 만나다
⑩	

문법03   안 V

① 제니는 밥을 안 먹습니다.
② 저는 벤자민 씨를 안 만납니다.

 연습 1

| 보기 | 가: 한국어를 가르칩니까? |
| | 나: 아니요, 안 가르칩니다. |

N을/를 V-(스)ㅂ니까?	아니요, 안 V-(스)ㅂ니다
① 숙제 / 하다	하다
② 친구 / 만나다	만나다
③ 텔레비전 / 보다	보다
④ 영화 / 보다	보다
⑤ 책 / 읽다	읽다
⑥ 김밥 / 먹다	먹다
⑦ 커피 / 마시다	마시다
⑧ 옷 / 사다	사다
⑨ 한국어 / 공부하다	공부하다
⑩	

연습 2

┃보기┃

가: 영미 씨도 텔레비전을 봅니까?

나: 네, 저도 텔레비전을 봅니다.

　　아니요, 저는 텔레비전을 보지 않습니다.

N도 V-(스)ㅂ니까?	네, 저도 N을/를[에] V-(스)ㅂ니다	아니요, 저는 N을/를 V-지 않습니다
① 왕징 씨 / 책을 읽다	저 / 책 / 읽다	저 / 책 / 읽다
② 밍밍 씨 / 텔레비전을 보다	텔레비전 / 보다	텔레비전 / 보다
③ 마이클 씨 / 빵을 먹다	빵 / 먹다	빵 / 먹다
④ 왕징 씨 / 숙제를 하다	숙제 / 하다	숙제 / 하다
⑤ 나타샤 씨 / 친구를 만나다	친구 / 만나다	친구 / 만나다
⑥ 요코 씨 / 커피를 마시다	커피 / 마시다	커피 / 마시다
⑦ 알리 씨 / 한국어를 배우다	한국어 / 배우다	한국어 / 배우다
⑧ 민수 씨 / 중국어를 가르치다	중국어 / 가르치다	중국어 / 가르치다
⑨ 왕홍 씨 / 커피숍에 가다	커피숍 / 가다	커피숍 / 가다
⑩		

제4과 여기가 어디입니까?

문법01-1
가: 여기가 어디입니까?
나: N은/는 N입니다

가: 여기가 어디입니까? 나: 한국어학당입니다. 가: 마이클 씨, 집이 어디입니까? 나: 사당입니다.	받침 O : N가 어디입니까? 　　　　　N은 N입니다 받침 X : N이 어디입니까? 　　　　　N는 N입니다

연습

보기	가: 여기가 어디입니까? 나: 여기는 서울입니다.

N이/가 어디입니까?	N은/는 N입니다
① 여기	여기 / 한국어학당
② 거기	거기 / 식당
③ 저기	저기 / 고등학교
④ 한국어학당	한국어학당 / 저기
⑤ 화장실	화장실 / 여기
⑥ 식당	식당 / 저기
⑦	

가: 여기가 N입니까?
나: 네, N입니다 / 아니요, N이/가 아닙니다

가: 여기가 대학교입니까? 나: 네, 한국대학교입니다.	가: 여기가 N입니까? 나: 네, N입니다
가: 여기가 은행입니까? 나: 아니요, 은행이 아닙니다.	가: 여기가 N입니까? 나: 아니요, N이/가 아닙니다

 연습

‖ 보기 ‖	가: 여기가 수영장입니까? 나: 네, 수영장입니다. 　　아니요, 수영장이 아닙니다.

N이/가 N입니까?	네, N입니다 아니요, N이/가 아닙니다
① 저기 / 식당	식당
② 집 / 사당	사당
③ 여기 / 기숙사	기숙사
④ 거기 / 커피숍	커피숍
⑤ 여기 / 도서관	도서관
⑥ 거기 / 병원	병원
⑦	

문법 02

가: 어디에서 N을/를 V-ㅂ/습니까?
나: N은/는 N에서 N을/를 V-ㅂ/습니다

가: 마이클 씨, 어디에서 한국어를 공부합니까?
나: 저는 한국대학교에서 한국어를 공부합니다.

N은/는 N에서 N을/를 V-ㅂ/습니다
받침 O : N은 N에서 N을 V-습니다
받침 X : N는 N에서 N를 V-ㅂ니다

연습

| 보기 |

가: 왕홍 씨, 어디에서 책을 읽습니까?

나: 저는 집에서 책을 읽습니다.

어디에서 N을/를 V-ㅂ/습니까?	N에서 N을/를 V-ㅂ/습니다
① 밥 / 먹다	식당 / 밥 / 먹다
② 텔레비전 / 보다	집 / 텔레비전 / 보다
③ 한국어 / 배우다	한국어학당 / 한국어 / 배우다
④ 중국어 / 가르치다	한국대학교 / 중국어 / 가르치다
⑤ 커피 / 마시다	커피숍 / 커피 / 마시다
⑥ 책 / 읽다	교실 / 책 / 읽다
⑦	

제5과 무엇을 하십니까?

문법 01-1

N이/가 무슨 요일입니까?
N이/가 몇 월 며칠입니까?

가: 오늘이 무슨 요일입니까?
나: 화요일입니다.

가: 오늘이 몇 월 며칠입니까?
나: 8월 18일입니다.

가: 생일이 언제입니까?
나: 10월 9일입니다.

연습 1

보기

가: 무슨 요일에 영화를 봅니까?
나: 일요일에 영화를 봅니다.

무슨 요일에 V-ㅂ/습니까?	N에 V-(스)ㅂ니다
① 도서관에 가다	수요일 / 도서관에 가다
② 친구를 만나다	토요일 / 친구를 만나다
③ 중국 요리를 먹다	월요일 / 중국 요리를 먹다
④ 영화를 보다	화요일 / 영화를 보다
⑤ 한국어를 배우다	금요일 / 한국어를 배우다
⑥ 영어를 가르치다	일요일 / 영어를 가르치다
⑦	

연습 2

보기	가: 몇 월 며칠에 영화를 봅니까?
	나: 1월 3일에 영화를 봅니다.

몇 월 며칠에 V-ㅂ/습니까?	N에 V-(스)ㅂ니다
① 고향에 가다	4월 9일 / 고향에 가다
② 방학을 하다	6월 21일 / 방학을 하다
③ 중국 요리를 먹다	7월 6일 / 중국 요리를 먹다
④ 친구를 만나다	10월 15일 / 친구를 만나다
⑤	

문법 01-2 N에 N을/를 V-ㅂ/습니다

저는 월요일에 학교에 갑니다.
우리는 수요일에 도서관에 갑니다.
민수는 금요일에 영어를 공부합니다.
마이클 씨는 화요일에 한국어를 배웁니다.

연습

보기	가: 월요일에 무엇을 합니까?
	나: 월요일에 도서관에서 책을 읽습니다.

N에 무엇을 합니까?	N에 N에서 N을/를 V-ㅂ/습니다
① 일요일	일요일 / 집 / 텔레비전 / 보다
② 월요일	월요일 / 학교 / 한국어 / 공부하다
③ 화요일	화요일 / 한국어학당 / 한국말 / 배우다
④ 2월 14일	2월 14일 / 대학교 / 중국어 / 가르치다
⑤ 3월 2일	3월 2일 / 백화점 / 옷 / 사다
⑥ 9월 28일	9월 28일 / 명동 / 쇼핑 / 하다
⑦	

V-(으)십니다 / V-(으)십니까?

교수님은 무엇을 하십니까?
다니엘 씨는 한국어를 배우십니다.
민지 씨는 책을 읽으십니다.
제니 씨는 영어를 가르치십니까?

N은/는 N을/를 V-(으)십니다
받침 O : N은 N을 V-으십니다
받침 X : N는 N를 V-십니다

쓰세요

기본형		(나, 친구) V-(스)ㅂ니다	(아버지, 어머니, 교수님, N 씨) V-(으)십니다	(아버지, 어머니, 교수님, N 씨) V-(으)십니까?
가	다	갑니다	가십니다	가십니까?
오	다			
공부하	다			
배우	다			
보	다			
마시	다		★ 드십니다	★ 드십니까?
먹	다		★ 드십니다	★ 드십니까?
읽	다			

연습 1

보기	가: 왕홍 씨, 어디에서 책을 읽으십니까? 나: 저는 집에서 책을 읽습니다.

어디에서 N을/를 V-(으)십니까?	N에서 N을/를 V-(스)ㅂ니다
① 밥 / ★먹다	식당 / 밥 / 먹다
② 텔레비전 / 보다	집 / 텔레비전 / 보다
③ 한국어 / 배우다	한국어학당 / 한국어 / 배우다
④ 옷 / 사다	명동 / 옷 / 사다
⑤ 커피 / ★마시다	커피숍 / 커피 / 마시다
⑥ 책 / 읽다	교실 / 책 / 읽다
⑦	

연습 2

보기	가: 다니엘 씨, 무엇을 하십니까? 나: 저는 책을 읽습니다.

무엇을 V-(으)십니까?	N을/를 V-(스)ㅂ니다
① 읽다	한국어 책 / 읽다
② 보다	텔레비전 / 보다
③ ★마시다	콜라 / 마시다
④ ★먹다	빵 / 먹다
⑤ 공부하다	영어 / 공부하다
⑥ 배우다	한국어 / 배우다
⑦	

오늘은 날씨가 좋습니다

문법01

N이/가 A-(스)ㅂ니다 / A-(스)ㅂ니까?

날씨가 좋습니다. 이것이 나쁩니다. 도서관이 좋습니까? 교실이 덥습니다.	받침 O : N이 A-습니다 　　　　　N이 A-습니까? 받침 X : N가 A-ㅂ니다 　　　　　N가 A-ㅂ니까?

쓰세요

기본형		A-(스)ㅂ니다	A-(스)ㅂ니까?
나쁘	다		
시원하	다		
따뜻하	다		
좋	다		
덥	다		
춥	다		

연습

보기	가: 날씨가 좋습니까?
	나: 네, 날씨가 좋습니다.

N이/가 A-(스)ㅂ니까?	네, N이/가 A-(스)ㅂ니다
① 날씨 / 따뜻하다	날씨 / 따뜻하다
② 가방 / 좋다	가방 / 좋다
③ 날씨 / 시원하다	날씨 / 시원하다
④ 교실 / 덥다	교실 / 덥다
⑤ 날씨 / 춥다	날씨 / 춥다
⑥ 한국어 공부 / 재미있다	한국어 공부 / 재미있다
⑦	

문법 02   N이/가 A-지 않습니다

날씨가 따뜻하지 않습니다. 날씨가 시원하지 않습니다. 가방이 좋지 않습니다.	받침 O : N이 A-지 않습니다. 받침 X : N가 A-지 않습니다.

쓰세요

기본형		A-(스)ㅂ니다	A-지 않습니다
나쁘	다		
시원하	다		
따뜻하	다		
좋	다		
덥	다		
춥	다		

보기	가: 날씨가 좋습니까?
	나: 아니요, 날씨가 좋지 않습니다.

N이/가 A-(스)ㅂ니까?	아니요, N이/가 A-지 않습니다
① 날씨 / 따뜻하다	날씨 / 따뜻하다
② 한국어 공부 / 어렵다	한국어 공부 / 어렵다
③ 방 / 춥다	방 / 춥다
④ 교실 / 덥다	교실 / 덥다
⑤ 도서관 / 좋다	도서관 / 좋다
⑥ 날씨 / 흐리다	날씨 / 흐리다
⑦ 집 / 따뜻하다	집 / 따뜻하다
⑧ 날씨 / 춥다	날씨 / 춥다
⑨ 날씨 / 시원하다	날씨 / 시원하다
⑩	

문법 03　　N이/가 어떻습니까?

날씨가 어떻습니까?
책이 어떻습니까?
이것이 어떻습니까?

받침 O : N이 어떻습니까?
받침 X : N가 어떻습니까?

연습

| 보기 | 가: 날씨가 어떻습니까?
나: 날씨가 좋습니다.

N이/가 어떻습니까?	N이/가 A-(스)ㅂ니다
① 날씨	날씨 / 나쁘다
② 날씨	날씨 / 흐리다
③ 책	책 / 좋다
④ 교실	교실 / 따뜻하다
⑤ 학교	학교 / 좋다
⑥ 집	집 / 덥다
⑦ 학교	학교 / 춥다
⑧ 날씨	날씨 / 시원하다
⑨	

제7과 토요일에 무엇을 해요?

문법 01 · A/V-아/어요

제니 씨는 사과를 먹어요.
선생님은 커피를 마시지 않아요.
매일 운동을 안 해요.
한국 노래가 아주 좋아요.
교실이 조용하지 않아요.

ㅏ, ㅗ O : A/V-아요
ㅏ, ㅗ X : A/V-어요
*하다 : 해요

쓰세요

기본형		A/V-아/어요	기본형		A/V-아/어요
가	다	가요	공부하	다	
오	다		읽	다	
보	다		먹	다	
만나	다		좋	다	
마시	다		있	다	
사	다		없	다	
배우	다		★하	다	
가르치	다		-지 않	다	

연습 1

보기	왕훙 / 학교 / 가다 ➡ 왕훙 씨는 학교에 가요.

	N은/는 N을/를[에] A/V-아/어요
① 지훈 / 빵 / 먹다	
② 다니엘 / 한국어 책 / 읽다	
③ 벤자민 / 우유 / 마시다	
④ 흐엉 / 숙제 / 하지 않다	
⑤ 소윤 / 한국어 / 배우다	
⑥ 에리나 / 러시아어 / 가르치다	
⑦ 왕훙 / 영화 / 보다	
⑧ 묘묘 / 중국어 / 공부하다	
⑨ 제니 / 학교 / 가다	

연습 2

보기	날씨 / 좋다 ➡ 날씨가 좋아요.

	N이/가 A-아/어요
① 한국어 / 재미있다	
② 영어 / 재미없다	
③ 오늘 / 날씨 / 따뜻하다	
④ 저 / 불고기 / 맛있다	
⑤ 백화점 / 옷 / 비싸다	

| 보기 | 가: 학교에 가요?
나: 네, 학교에 가요. / 아니요, 학교에 가지 않아요.

A/V-아/어요?	네, A/V-아/어요 아니요, A/V-지 않아요
① 밥 / 먹다	네,
② 한국어 / 배우다	네,
③ 학교 / 가다	아니요,
④ 영화 / 보다	네,
⑤ 친구 / 만나다	아니요,
⑥ 숙제 / 하다	아니요,
⑦ 주스 / 마시다	네,
⑧ 영어 / 가르치다	네,
⑨ 옷 / 사다	아니요,
⑩ 한국 드라마 / 재미있다	네,
⑪ 일본 음식 / 맛있다	네,
⑫ 1단계 친구들 / 좋다	네,
⑬ 베트남 / 날씨 / 따뜻하다	아니요,

 연습 4

| 보기 | 가: 왕홍 씨는 무엇을 해요?
나: 공부를 해요. |

	N은/는 무엇을 해요?	N을/를 V-아/어요
① 다니엘 / 텔레비전 / 보다		
② 제니 / 숙제 / 하다		
③ 지훈 / 한국어 / 가르치다		
④ 서윤 / 영어 / 배우다		
⑤ 흐엉 / 옷 / 사다		
⑥ 벤자민 / 밥 / 먹다		
⑦ 왕홍 / 우유 / 마시다		
⑧ 민지 / 중국어 책 / 읽다		
⑨ 에리나 / 남자 친구 / 만나다		

문법 02   N이에요[예요] / N이/가 아니에요

① 가: 학생이에요?
　나: 네, 학생이에요.

② 가: 여기가 어디예요?
　나: 1단계 교실이에요.

③ 가: 이것은 사과예요?
　나: 네, 사과예요.

- -

① 가: 저것은 컴퓨터예요?
　나: 아니요, 컴퓨터가 아니에요. 텔레비전이에요.

 연습 1

| 보기 | 가: 벤자민 씨가 친구예요?
나: 네, 친구예요.

N(이)에요? / 예요?	네, N이에요[예요]
① 이것 / 한국어 책	
② 여기 / 한국어학당	
③ 마이클 씨 / 미국 사람	
④ 왕훙 씨 여자 친구 / 제니	
⑤ 그것 / 김밥	
⑥ 저기 / 마트	
⑦ 마리 씨/ 의사	

연습 2

| 보기 | 가: 왕훙 씨가 한국 사람이에요?
나: 아니요, 한국 사람이 아니에요.

N이에요?[예요?]	아니요, N이/가 아니에요
① 이것 / 한국어 책	
② 벤자민 씨 / 미국 학생	
③ 여기 / 한국어학당	
④ 저기 / 동대문 시장	
⑤ 저것 / 냉면	
⑥ 여기 / 명동	
⑦ 다니엘 씨 / 회사원	
⑧ 1단계 선생님 / 김 선생님	

제8과 어디에서 오셨어요?

문법01-1 A/V-았/었

어제 영화를 보았습니다. / 보았어요.
어제 친구를 만나지 않았습니다. / 않았어요.
음악이 좋았습니다. / 좋았어요.
어제 극장에 갔습니다. / 갔어요.
어제 숙제를 했습니다. / 했어요.
한국어를 공부했습니다. / 공부했어요.

ㅏ, ㅗ O : A/V-았습니다
　　　　　A/V-았어요
ㅏ, ㅗ X : A/V-었습니다
　　　　　A/V-었어요
*하다 : 했습니다 / 했어요

문법01-2 N이었- / 였-

① 가: 선물이 뭐예요?
　 나: 꽃이에요.

② 가: 선물이 무엇이었어요?
　 나: 꽃이었어요.

③ 가: 여기가 어디였어요?
　 나: 학교였어요.

④ 가: 어제가 생일이었어요?
　 나: 네, 생일이었어요.

쓰세요

기본형	A/V-(스)ㅂ니다	A/V-아/어요	안 A/V	A/V-았/었어요
가다				
오다				
보다				
마시다				
만나다				
배우다				
가르치다				
쉬다				
기본형	A/V-(스)ㅂ니다	A/V-아/어요	안 A/V	A/V-았/었어요
있다				
없다				
좋다				
시원하다				
따뜻하다				
일하다				
숙제하다				

연습 1

▌보기▌	오늘 학교에 가요. ➡ 어제 학교에 갔어요.

오늘 A/V-아/어요	어제 A/V-았/었어요
① 집에서 쉬다	
② 영화를 보다	
③ 한국 음식을 먹다	
④ 한국어를 공부하다	
⑤ 친구를 만나다	
⑥ 차를 마시다	

 **연습 2**

| 보기 | 어제는 날씨가 아주 좋았어요. ➡ 오늘도 날씨가 아주 좋아요. |

어제는 A/V-았/었어요	오늘도 A/V-아/어요
① 어제는 집에서 책을 읽다	오늘도 집에서 책을 읽어요.
② 어제는 극장에서 영화를 보다	
③ 어제는 식당에서 중국 음식을 먹다	
④ 어제는 학교에서 한국어를 공부하다	
⑤ 어제는 명동에서 친구를 만나다	
⑥ 어제는 커피숍에서 차를 마시다	

연습 3

| 보기 | 가: 어제 날씨가 좋았어요?
나: 네, 좋았어요. |

어제 A/V-았/었어요?	네, A/V-았/었어요
① 어제 극장에서 영화를 보다	
② 어제 영화가 재미있다	
③ 어제 날씨가 따뜻하다	
④ 어제 친구와 같이 쇼핑하다	
⑤ 어제 공원에서 운동하다	
⑥ 어제 커피숍에서 차를 마시다	
⑦ 어제 학교에서 공부하다	

연습 4

| 보기 | 가: 어제 무엇을 했어요?
나: 어제 친구를 만났어요.

N에 무엇을 했어요?	A/V-았/었어요
① 월요일	영화를 보다
② 화요일	텔레비전을 보다
③ 수요일	숙제를 하다
④ 목요일	요리를 하다
⑤ 금요일	커피를 마시다
⑥ 토요일	중국어를 배우다
⑦ 일요일	극장에 가다

연습 5

| 보기 | 가: 숙제가 무엇이었어요?
나: 7과였어요.

N이/가 -이었어요?[였어요?]	N이었어요[N였어요]
① 여기 / 어디	병원
② 방학 / 언제	지난주

문법 02 V-(으)셨-

① 가: 어디에서 오셨습니까?
　　나: 중국에서 왔어요.

　　가: 언제 한국에 오셨습니까?
　　나: 어제 왔습니다.

받침 O : V-으셨-
받침 X : V-셨-

쓰세요

보기	가: 벤자민 씨, 미국에서 오셨어요?
	나: 아니요, 미국에서 오지 않았어요. 프랑스에서 왔어요.

N에서 오셨어요?	아니요, N에서 오지 않았어요. N에서 왔어요
① 영국	영국 / 프랑스
② 중국	중국 / 몽골
③ 미국	미국 / 캐나다
④ 일본	일본 / 중국
⑤ 몽골	몽골 / 러시아
⑥ 베트남	베트남 / 태국

연습

| 보기 | 가: 무엇을 읽으셨어요? |
| 나: 책을 읽었어요. |

무엇을 V-(으)셨어요?	N을/를 V-았/었어요
① ★ 먹다	비빔밥 / 먹다
② 읽다	영어 책 / 읽다
③ ★ 마시다	콜라 / 마시다
④ 사다	치마 / 사다
⑤ 보다	중국 영화 / 보다
⑥ 하다	한국어 숙제 / 하다

제9과 집에 텔레비전이 있어요?

문법01 N이/가 있다[없다]

1) N이/가 있다

컴퓨터가 있습니다.
3층에 제 방이 있어요.
방에 냉장고가 있습니다.
제 옆에 마이클 씨가 있습니다.

2) N이/가 없다

왕홍 씨가 없습니다.
교실에 텔레비전이 없습니다.
냉장고에 빵이 없습니다.
여자 친구가 없어요.

문법02 N에 있다[없다]

학교 앞에 식당이 있어요.
교실 안에 학생이 없어요.
책상 위에 무엇이 있어요?

문법03 S -고 S

오늘은 날씨가 나쁩니다. / 춥습니다.
➡ 오늘은 날씨가 나쁘고 춥습니다.

저는 도서관에 갑니다. / 윌슨 씨는 식당에 가십니다.
➡ 저는 도서관에 가고 윌슨 씨는 식당에 가십니다.

 쓰세요

N은/는	-고		A/V-(스)ㅂ니다	
오늘	날씨가 나쁘	다	춥다	오늘은 날씨가 나쁘고 춥습니다.
오늘	날씨가 좋	다	시원하다	
저	도서관에 가	다	다니엘 씨는 집에 가다	
에리나 씨	책을 읽	다	저는 텔레비전을 보다	
다니엘 씨	한국어를 공부하	다	친구는 영어를 공부하다	
왕훙 씨	한국어를 배우	다	중국어를 가르치다	

 연습

보기	나 / 식당 / 가다 제인 씨 / 시장 / 가다	➡ 나는 식당에 가고 제인 씨는 시장에 가요.

	S-고
① 서윤 / 책 / 읽다 흐엉 / 텔레비전 / 보다	➡
② 아버지 / 신문 / 보다 어머니 / 운동 / 하다	➡
③ 제주도 / 날씨가 좋다 제주도 / 따뜻하다	➡
④ 한국어 / 쉽다 한국어 / 재미있다	➡
⑤ 미국 / 크다 미국 / 사람이 많다	➡
⑥ 지훈 / 공부를 잘하다 지훈 / 멋있다	➡

문법01 N시 N분

가: 지금 몇 시입니까? [P.M. 2:00]
나: 오후 두 시입니다.

가: 몇 시에 일어납니까? [A.M. 7:30]
나: 저는 아침 일곱 시 삼십 분에 일어납니다.

A.M. = 오전 // P.M. = 오후

1시	한 시	5 분	오 분
2시	두 시	10분	십 분
3시	세 시	15분	십오 분
4시	네 시	20분	이십 분
5시	다섯 시	25분	이십오 분
6시	여섯 시	30분 [=반]	삼십 분 = 반
7시	일곱 시	35분	삼십오 분
8시	여덟 시	40분	사십 분
9시	아홉 시	45분	사십오 분
10시	열 시	50분	오십 분
11시	열한 시	55분	오십오 분
12시	열두 시	60분	육십 분

연습

보기	가: 지금 몇 시입니까? 나: [A.M. 7:10] 오전 일곱 시 십 분입니다.

	N시 N분입니다
① P.M. 5:15	
② P.M. 7:30	
③ P.M. 1:25	
④ A.M. 9:45	
⑤ A.M. 8:30	
⑥ P.M. 6:25	
⑦ A.M. 10:13	
⑧ P.M. 5:50	
⑨ P.M. 4:28	
⑩	

문법02   수량 명사

사과 가방 볼펜 의자	한 두 세 네	개	N 개

사과, 지우개, 사탕	한 개	나무	한 그루
책, 공책	한 권	꽃	한 송이
맥주, 소주, 주스	한 병	사람	한 명[사람/분]
커피, 우유, 차	한 잔	영화	한 편
개, 돼지, 닭, 고양이	한 마리	밥	한 그릇
신발, 양말	한 켤레	반찬	한 접시
종이	한 장	옷	한 벌
자동차, TV, 냉장고	한 대	연필, 볼펜	한 자루

연습

보기	가: 사과를 몇 개 사요? 나: 사과를 세 개 사요.

N을/를 몇 N 사요?	N을/를 N N 사요
① 사과 / 개	사과 / 6
② 맥주 / 병	맥주 / 2
③ 종이 / 장	종이 / 3
④ 옷 / 벌	옷 / 5
⑤ 공책 / 권	공책 / 8
⑥ 주스 / 병	주스 / 1
⑦ 의자 / 개	의자 / 3
⑧	

문법 03   V-고 V

저는 어제 커피숍에서 커피를 마셨습니다. / 어제 극장에 갔습니다.
➡ 저는 어제 커피숍에서 커피를 마시고 극장에 갔습니다.

어제 친구를 만났어요. / 어제 도서관에서 공부했어요.
➡ 어제 친구를 만나고 도서관에서 공부했어요.

연습

| 보기 | 가: 어제 무엇을 했어요?
나: 어제 한국어를 공부하고 친구를 만났어요. |

N에 무엇을 했어요?	V-고 V-았/었어요
① 월요일	영화를 보다 / 친구를 만나다
② 화요일	한국어를 공부하다 / 텔레비전을 보다
③ 수요일	책을 읽다 / 숙제를 하다
④ 목요일	요리를 하다 / 영화를 보다
⑤ 금요일	커피를 마시다 / 시장에 가다
⑥ 토요일	도서관에서 공부하다 / 운동하다
⑦ 일요일	쇼핑하다 / 밥을 먹다
⑧	

문법 01

(아버지, 어머니, 선생님, OO 씨) V-(으)세요

① 아버지는 텔레비전을 보세요.
② 마이클 씨도 한국어를 배우세요?

받침 O : V-으세요
받침 X : V-세요

문법 02

누구 / 누가

① 어제 누구를 만나셨어요?
② 이것은 누구의 책입니까?
③ 누구에게 전화했어요?

---

① 누가 왔어요?
② 가: 교실에 누가 계세요?
　　나: 이 선생님이 계세요.

쓰세요

기본형	V-(으)세요	안 V-(으)세요	기본형	V-(으)세요	안 V-(으)세요
가다			구경하다		
오다			사다		
보다			읽다		
하다			앉다		
배우다			★ 마시다		
가르치다			★ 먹다		

연습 1

저는 학교에 가요	선생님은 학교에 가세요
① 저는 시내에 가요.	어머니는
② 동생은 영화를 봐요.	아버지는
③ 저는 친구를 만나요.	선생님은
④ 저는 구두를 사요.	어머니는
⑤ 왕홍은 한국어를 공부해요.	아버지는
⑥ 마이클은 영어를 가르쳐요.	선생님은
⑦ 동생은 밥을 먹어요.	벤자민 씨는
⑧ 저는 커피를 마셔요.	할아버지는
⑨ 저는 책을 읽어요.	할머니는
⑩	

연습 2

보기	가: 가족이 몇 명이세요?
	나: 셋이에요. [세 명이에요]

N(이)세요?	N이에요[예요] N(이)세요
① 저 사람이 누구	제 언니
② 가족이 몇 명	4
③ 김 선생님은 언니가 몇 분	2
④ 이분이 아버지	네, 아버지
⑤ 외국 학생	네, 외국 학생
⑥ 한국 친구가 몇 명	7
⑦ 한국어학당에 선생님이 몇 분	4
⑧ 친구가 몇 명	10
⑨ 동생이 몇 명	1
⑩	

 연습 3

| 보기 | 가: 저 사람이 동생이에요? |
| | 나: 아니요, 동생이 아니에요. |

N이에요?[예요?] N(이)세요?	아니요, N이/가 아니에요
① 이 책이 한국어 책	한국어 책
② 저 사람이 외국 학생	외국 학생
③ 여기가 한국어학당	한국어학당
④ 저 사람이 여동생	여동생
⑤ 이 음식이 비빔밥	비빔밥
⑥ 여기가 명동	명동
⑦ 형이 회사원	회사원
⑧ 아버지가 의사	의사
⑨ 여기가 동대문 시장	동대문 시장
⑩	

제12과 여보세요, 거기 한국어학당입니까?

문법 01

V-겠-

① 가: 토요일에 무엇을 하시겠습니까?
　나: 토요일에 영화를 보겠습니다.

② 가: 내일 누구와 같이 가시겠습니까?
　나: 친구와 같이 가겠습니다.

(다른 사람 X)
① 제가 거기에 가겠습니다.
② 저는 콜라를 마시겠습니다.
③ 저는 한국어를 배우겠어요.

연습

보기	가: 다음 주 월요일에 무엇을 하시겠어요?
	나: 영화관에서 영화를 보겠어요.

N에 무엇을[누구를] V-(으)시겠어요?	N을/를 V-겠어요
① 월요일 / ★ 먹다	비빔밥 / 먹다
② 화요일 / ★ 마시다	커피 / 마시다
③ 수요일 / 보다	영화 / 보다
④ 목요일 / 읽다	한국어 책 / 읽다
⑤ 금요일 / 만나다	친구 / 만나다
⑥ 토요일 / 사다	치마 / 사다
⑦ 일요일 / 만나다	선생님 / 만나다
⑧ 다음 주 / 공부하다	영어 / 공부하다
⑨ 주말 / 하다	숙제 / 하다
⑩	

문법 02 V-(으)ㄹ 거예요

| ① 가: 주말에 무엇을 하실 거예요?
 나: 저는 집에서 쉴 거예요. | 받침 O : −을 거예요
 받침 X : −ㄹ 거예요
 *ㄹ받침 : −ㄹ 거예요 |

 쓰세요

기본형	V-(으)ㄹ 거예요	기본형	V-(으)ㄹ 거예요
먹다		만나다	
한국어 책을 읽다		한국 영화를 보다	
영어를 배우다		일기를 쓰다	
가다		옷을 사다	
불고기를 먹다		집에서 쉬다	

 연습 1

| 보기 | 가: 주말에 무엇을 하실 거예요?
 나: 친구와 같이 극장에서 영화를 볼 거예요. |

N에 V-(으)ㄹ 거예요?	V-(으)ㄹ 거예요
① 월요일 / 어디에 가다	인천에 가다
② 화요일 / 무슨 영화를 보다	한국 영화를 보다
③ 토요일 / 누구와 같이 술을 마시다	친구와 같이 술을 마시다
④ 일요일 / 어디에서 숙제를 하다	기숙사에서 숙제를 하다
⑤ 다음 주 / 무엇을 사다	어머니의 선물을 사다
⑥ 이번 주말 / 누구를 만나다	친구를 만나다
⑦ 내일 오후 / 무엇을 하다	도서관에 가서 책을 읽다
⑧	

연습 2

| 보기 | 가: 마이클 씨가 가실 거예요?
나: 네, 제가 갈 거예요. |

N이/가 V-(으)실 거예요?	네, 제가 V-(으)ㄹ 거예요
① 서윤 씨 / 한국어를 가르치다	가르치다
② 왕홍 씨 / 노래를 하다	노래를 하다
③ 다니엘 씨 / 명동에서 친구를 만나다	만나다
④ 민지 씨 / 부모님께 편지를 쓰다	쓰다
⑤ 에리나 씨 / 요리를 하다	하다
⑥ 지훈 씨 / 중국어를 배우다	배우다
⑦ 벤자민 씨 / 밥을 사다	사다
⑧	

연습 3

| 보기 | 가: 주말에는 뭘 하실 거예요?
나: 주말에는 영화를 보고 한국 드라마를 볼 거예요. |

N에는 뭘 하실 거예요?	N에는 V-고 V-(으)ㄹ 거예요
① 월요일	월요일 / 공부를 하다 / 요리를 하다
② 화요일	화요일 / 한국어를 배우다 / 노래방에 가다
③ 금요일	금요일 / 이태원에서 밥을 먹다 / 쇼핑하다
④ 일요일	일요일 / 영화를 보다 / 운동을 하다
⑤ 수요일	수요일 / 도서관에 가다 / 친구를 만나다
⑥ 목요일	목요일 / 농구를 하다 / 쉬다
⑦ 토요일	토요일 / 영어를 가르치다 / 커피숍에 가다
⑧	

제13과 한국 음식이 맛있지만 매워요

문법01 받침 'ㅂ'

① 오늘은 날씨가 추워요.
② 한국어는 어려워요.
③ 김치는 매워요.

$$받침 \; 'ㅂ' + \begin{bmatrix} -아/어 \\ (으) \end{bmatrix} \Rightarrow '우'$$

쓰세요

기본형	A-(스)ㅂ니다	A-아/어요	A-았/었습니다	A-았/었어요
어렵다				
쉽다				
맵다				
춥다				
덥다				
싱겁다				
뜨겁다				
차갑다				
무겁다				
가볍다				
시끄럽다				

문법 02 S-지만 S

① 한국어는 어렵지만 재미있어요.
② 제 방에 책상은 있지만 냉장고는 없어요.
③ 이 옷은 예쁘지만 비싸요.

연습

| 보기 |
가: 영어 공부가 어떻습니까?
나: 재미있지만 어려워요.

N이/가 어떻습니까?	A/V-지만 A/V-아/어요
① 한국어 공부	어렵다 / 재미있다
② 날씨	좋다 / ★춥다
③ 숙제	쉽다 / 많다
④ 김치	맛있다 / ★맵다
⑤ 이 옷	좋다 / 비싸다
⑥ 이 책	싸다 / 재미없다
⑦ 영어 공부	재미있다 / ★어렵다
⑧ 한국 음식	맵다 / 맛있다
⑨ 흐엉 씨의 고향 날씨	좋다 / ★덥다
⑩	

제14과 거스름돈을 받으세요

문법01

V-(으)세요
V-(으)십시오

| ① 이 책을 읽으세요. | 받침 O : V-으세요 |
| ② 저 음식을 드세요. | 받침 X : V-세요 |

| ① 월요일에 사무실에 가십시오. | 받침 O : V-으십시오 |
| ② 저 책을 읽으십시오. | 받침 X : V-십시오 |

쓰세요

기본형	V-(으)세요	V-(으)십시오
가다		
오다		
보다		
먹다	★	★
하다		
공부하다		
배우다		
주다		

연습

보기	가: 공부를 하세요. 나: 네, 공부를 하겠어요.	

기본형	V-(으)세요	네, V-겠어요
① 밥을 먹다	★	
② 집에 전화하다		
③ 한국어 책을 읽다		
④ 한국어를 배우다		
⑤ 집에서 쉬다		
⑥ 학교에서 숙제를 하다		
⑦ 커피를 마시다	★	
⑧		

문법02　　백 원, 천 원, 만 원

① 맥주 한 병에 이천 원입니다. ② 저 가방은 만 이천 원이에요. ③ 이 책은 만 오천 원입니다.	N 원

연습

보기	가: 사과는 한 개에 얼마예요? 나: 한 개에 천 원이에요.

N은/는 N에 얼마예요?	N에 N원이에요
① 커피 / 2잔	2잔 / 6,000원
② 주스 / 5잔	5잔 / 15,000원
③ 볼펜 / 1개	1개 / 700원
④ 의자 / 2개	2개 / 84,000원
⑤ 책 / 8권	8권 / 72,000원
⑥	

제 15 과 친구를 만나서 서점에 갔어요

문법 01 '으' 불규칙

* 바쁘다 / 아프다 / 예쁘다

'으' + 아/어 ㅏ, ㅗ O : −아요 ㅏ, ㅗ X : −어요		
	예쁘다	예뻐요
	바쁘다	바빠요
	아프다	아파요

쓰세요

기본형	A−아/어요	A−았/었어요	A−(스)ㅂ니다
아프다			
바쁘다			
나쁘다			
예쁘다			

문법 02 V−아서/어서

* (오늘, 지금) V−아/어서 A/V−아/어요   (어제) V−아/어서 A/V−았/었어요

① 저는 기숙사에 와서 밥을 먹어요. ② 지금 친구를 만나서 영화를 봐요. ③ 기숙사에 가서 숙제를 해요.	V−아/어서 A/V−아/어요
① 어제 도서관에 가서 숙제를 했어요. ② 어제 친구를 만나서 영화를 봤어요. ③ 지난주에 식당에 가서 라면을 먹었어요.	V−아/어서 A/V−았/었어요

연습 1

| 보기 | 가: 어제 뭘 하셨어요?
나: 백화점에 가서 옷을 샀어요.

(어제) V-아/어서	A/V-았/었어요
① 극장에 가다	영화를 보다
② 시장에 가다	친구를 만나다
③ 기숙사에 가다	숙제를 하다
④ 도서관에 가다	한국어 공부를 하다
⑤ 집에 오다	식사를 하다
⑥ 친구를 만나다	이야기를 하다
⑦ 백화점에서 옷을 사다	입다
⑧ 교수님을 만나다	공부를 하다
⑨ 명동에 가다	한국 음식을 먹다
⑩ 아침에 일어나다	책을 읽다

연습 2

| 보기 | 가: 내일 뭘 할 거예요?
나: 서점에 가서 책을 살 거예요.

(내일) V-아/어서	V-(으)ㄹ 거예요
① 식당에 가다	밥을 먹다
② 도서관에 가다	책을 읽다
③ 기숙사에 가다	숙제를 하다
④ 백화점에 가다	옷을 사다
⑤ 명동에 가다	친구를 만나다
⑥ 친구를 만나다	쇼핑을 하다
⑦ 동생을 만나다	영화를 보다
⑧ 학교에 가다	한국어를 배우다
⑨ 명동에 가다	치마를 사다
⑩ 시계를 사다	동생에게 선물하다

문법 03   무슨 N

가: 오늘은 무슨 요일입니까?
나: 오늘은 화요일입니다.
 	
가: 이것은 무슨 책입니까?
나: 그것은 한국어 책입니다.
 	
가: 그것은 무슨 음식입니까?
나: 이것은 불고기입니다.
	받침 O : N은 무슨 N입니까?
	          N은 N입니다.
	
	받침 X : N는 무슨 N입니까?
	          N는 N입니다.

연습

보기	가: 무슨 요일에 영화를 보십니까? 나: 일요일에 영화를 봐요.

무슨 요일에 V-(으)십니까?	N에 V-(스)ㅂ니다
① 도서관에 가다 ➡	수요일 / 도서관에 가다 ➡
② 친구를 만나다 ➡	토요일 / 친구를 만나다 ➡
③ 공항에 가다 ➡	월요일 / 공항에 가다 ➡
④ 영화를 보다 ➡	화요일 / 영화를 보다 ➡
⑤ 생일 파티를 하다 ➡	금요일 / 생일 파티를 하다 ➡
⑥ 영어를 가르치다 ➡	수요일 / 영어를 가르치다 ➡

제16과 감기에 걸려서 병원에 갔어요

문법 01

A/V-아/어서

① 가: 어제 왜 안 오셨어요?
　나: 아파서 못 왔어요.

② 가: 다니엘 씨, 왜 숙제를 안 하셨어요?
　나: 바빠서 못 했어요.

쓰세요

기본형	A/V-아/어서	기본형	A/V-아/어서
가다		먹다	
오다		★춥다	
보다		★덥다	
읽다		★맵다	

연습

보기	가: 왜 지하철을 타세요?
	나: 버스가 복잡해서 지하철을 타요.

왜 V-(으)세요?	A/V-아/어서 A/V-아/어요
① 숙제를 안 하다	시간이 없다 / 못 하다
② 옷을 많이 입다	★춥다 / 옷을 많이 입다
③ 도서관에 가다	시험이 있다 / 도서관에 가다
④ 그 책을 안 읽다	어렵다 / 안 읽다
⑤ 한국어를 배우다	재미있다 / 배우다

문법 02 못 V

① 저는 야구를 못 합니다.
② 오늘 학교에 못 갔어요.
③ 배가 아파서 밥을 못 먹었어요.
④ 날씨가 추워서 운동을 못 했어요.

연습

| 보기 |
| 가: 학교에 가세요? |
| 나: 아니요, 머리가 아파서 학교에 못 가요. |

A/V-(으)세요?	아니요, A/V-아/어서 못 A/V-아/어요
① 한국말을 하다	안 배우다 / 하다 ➡
② 영화를 보다	표가 없다 / 보다 ➡
③ 밥을 ★ 먹다	시간이 없다 / 먹다 ➡
④ 책을 읽다	숙제가 많다 / 읽다 ➡
⑤ 저녁에 운동하다	감기에 걸리다 / 운동하다 ➡

제17과 우리 같이 대학로에 갈까요?

문법01

가: (우리 같이) V-(으)ㄹ까요?
나: (우리 같이) V-(으)ㅂ시다

① (우리 같이) 도서관에 갈까요?
② (우리 같이) 밥을 먹을까요?

① 네, (우리 같이) 도서관에 갑시다.
② 네, (우리 같이) 밥을 먹읍시다.

 쓰세요

기본형	V-(으)ㄹ까요?	V-(으)ㅂ시다
가다	갈까요?	갑시다
오다		
보다		
먹다		
읽다		
하다		
공부하다		
배우다		
주다		

연습 1

| 보기 | 가: (우리 같이) V-(으)ㄹ까요?
나: 네, (우리 같이) V-(으)ㅂ시다 |

(우리 같이) V-(으)ㄹ까요?	네, (우리 같이) V-(으)ㅂ시다
① 시장에 가다	시장에 가다
② 공원에 가다	공원에 가다
③ 사과 5개를 사다	사과 5개를 사다
④ 영어를 배우다	영어를 배우다
⑤ 집에서 쉬다	집에서 쉬다
⑥ 도서관에서 공부하다	도서관에서 공부하다
⑦ 식당에서 밥을 먹다	식당에서 밥을 먹다
⑧	

연습 2

| 보기 | 가: 무엇을 공부할까요?
나: 한국어를 공부합시다. |

V-(으)ㄹ까요?	N을/를[에] V-(으)ㅂ시다
① 무엇을 먹다	빵 / 먹다
② 무엇을 보다	텔레비전 / 보다
③ 무엇을 하다	숙제 / 하다
④ 무엇을 공부하다	한국어 / 공부하다
⑤ 무엇을 하다	태권도 / 배우다
⑥ 무엇을 읽다	영어 책 / 읽다
⑦ 어디에 가다	도서관 / 가다
⑧	

 연습 3

보기	가: 어디에서 책을 읽을까요? 나: 도서관에서 책을 읽읍시다.

어디에서 V-(으)ㄹ까요?	N에서 V-(으)ㅂ시다
① 밥을 먹다	서울 식당 / 밥을 먹다
② 쇼핑하다	이태원 / 쇼핑하다
③ 숙제를 하다	도서관 / 숙제를 하다
④ 친구를 만나다	명동 / 친구를 만나다
⑤ 책을 읽다	커피숍 / 책을 읽다
⑥ 한국 드라마를 보다	기숙사 / 한국 드라마를 보다
⑦ 커피를 마시다	에리나 씨의 집 / 커피를 마시다
⑧	

문법02   A/V-(으)니까

① 비가 오니까 어서 집에 가세요.
② 날씨가 추우니까 기숙사에 갈까요?
③ 시간이 없으니까 택시를 탑시다.

 연습 1

| 보기 | 가: 숙제가 많아요.
나: 숙제가 많으니까 집에서 숙제를 하세요. |

A/V-아/어요	A/V-(으)니까 V-(으)세요
① 머리가 아프다	머리가 아프다 / 집에서 쉬다
② 시험이 있다	시험이 있다 / 열심히 공부하다
③ 길이 복잡하다	길이 복잡하다 / 지하철을 타다
④ 배고프다	배고프다 / 빨리 밥을 먹다
⑤ ★덥다	★덥다 / 수영을 하다
⑥ 날씨가 아주 ★춥다	★춥다 / 어서 집에 가다
⑦	

 연습 2

| 보기 | 가: 도서관에 갈까요?
나: 날씨가 추우니까 기숙사에 갑시다. |

V-(으)ㄹ까요?	A/V-(으)니까 V-(으)ㅂ시다
① 도서관에 가다	★덥다 / 수영을 하다
② 무엇을 하다	날씨가 좋다 / 공원에 가다
③ 비빔밥을 먹다	★맵다 / 불고기를 먹다
④ 영화를 보다	시험이 있다 / 도서관에서 공부하다
⑤ 벤자민 씨를 만나다	바쁘다 / 내일 만나다
⑥ 노래방에 가다	숙제가 많다 / 집에 가다
⑦	

문법 01 'ㄷ' 불규칙

① 저는 한국 노래를 듣겠어요.
② 우리 같이 노래를 들을까요?
③ 음악을 들으면서 공원을 걸어요.

문법 02 V-고 있다

① 저는 지금 한국에서 살고 있어요.
② 요즘 무엇을 배우고 있어요?

문법 03 V-(으)면서

① 음악을 들으면서 숙제를 해요.
② 밥을 먹으면서 텔레비전을 봐요.

받침 O : -으면서
받침 X : -면서
*ㄹ받침 : -면서

쓰세요

기본형	V-(으)면서	기본형	V-(으)면서
가다		먹다	
오다		하다	
보다		★듣다	
읽다		★걷다	

연습 1

| 보기 | 저는 영어를 공부하고 왕홍 씨는 한국어를 공부하고 있어요. |

N은/는 N을/를[에서] V-고	N은/는 N을/를 V-고 있다
① 어머니 / 커피 / 마시다	아버지 / 신문 / 읽다
② 마리 씨 / 영화 / 보다	서윤 씨 / 음악 / 듣다
③ 흐엉 씨 / 책 / 읽다	벤자민 / 집 / 쉬다
④ 나 / 비빔밥 / 먹다	다니엘 / 불고기 / 먹다
⑤ 동생 / 텔레비전 / 보다	언니 / 과자 / 먹다
⑥ 에리나 / 공원 / 운동하다	에리나 씨 남자 친구 / 커피 / 마시다
⑦	

연습 2

| 보기 | 저는 밥을 먹으면서 텔레비전을 봤어요. |

V-(으)면서	V-았/었어요
① 음악을 듣다	요리를 하다
② 숙제를 하다	빵을 먹다
③ 도서관에서 공부를 하다	콜라를 마시다
④ 술을 마시다	이야기를 하다
⑤ 공부를 하다	음악을 듣다
⑥ 공원을 걷다	이야기를 하다
⑦	

제19과 방학에 여행을 가려고 해요

문법01

V-(으)려고 하다

① 저는 지금 숙제를 하려고 합니다.
② 무슨 책을 읽으려고 하세요?
③ 다니엘 씨는 영화를 보려고 하십니다.

받침 O : V-으려고 하다
받침 X : V-려고 하다

연습 1

| 보기 |
가: 무엇을 타려고 하세요?
나: 버스를 타려고 해요.

V-(으)려고 하세요?	N을/를[N에/N에서] V-(으)려고 해요
① 무엇을 먹다	중국 요리 / 먹다
② 무엇을 읽다	한국어 책 / 읽다
③ 무엇을 보다	텔레비전 / 보다
④ 무엇을 사다	구두와 치마 / 사다
⑤ 무엇을 타다	지하철 / 타다
⑥ 무엇을 하다	숙제 / 하다
⑦ 어디에 가다	백화점 / 가다
⑧ 누구를 만나다	친구 / 만나다
⑨ 어디에서 내리다	사당 / 내리다
⑩	

| 보기 | 학교에서 숙제를 하려고 해요. |

N에서	N을/를 V-(으)려고 해요
① 기숙사	한국어 공부 / 하다
② 집	요리 / 하다
③ 백화점	신발과 옷 / 사다
④ 기숙사	한국 드라마 / 보다
⑤ 도서관	영어 책 / 읽다
⑥ 식당	밥 / 먹다
⑦ 가게	쌀 / 사다
⑧ 명동	옷 / 사다
⑨ 강남	친구 / 만나다

문법 02   A/V-아/어야 하다

① 한국어를 배워야 해요.
② 기숙사에서 자야 해요.

연습 1

보기
숙제가 많다 / 숙제를 하다
숙제가 많으니까 집에서 숙제를 해야 해요.

	A/V-(으)니까 A/V-아/어야 해요
아프다 / 쉬다	
수업이 있다 / 학교에 가다	
시간이 없다 / 빨리 가다	
친구의 생일이다 / 친구를 만나다	
시험이 있다 / 도서관에서 공부를 하다	

연습 2

보기
가: 토요일에 무엇을 해야 해요?
나: 숙제를 해야 해요.

A/V-아/어야 해요?	A/V-아/어야 해요
① 무엇을 하다	다이어트하다
② 어디에 가다	공항에 가다
③ 무엇을 먹다	약을 먹다
④ 누구를 만나다	부모님을 만나다
⑤ 어디에서 공부하다	도서관에서 공부를 하다
⑥ 내일 무엇을 하다	여자 친구와 같이 데이트하다
⑦	

한걸음 더

N(으)로 가다/오다

① 마이클 씨는 학교로 가요.
② 이 버스는 명동으로 가요.
③ 9시까지 교실로 오세요.

 연습

보기	가: 이 버스는 어디로 가요? 나: 종로로 가요.

N은/는 어디로 가요?	N(으)로 가요
① 3번 버스	사당역
② 저 버스	한강
③ 4호선	명동역
④ 이 지하철	이태원
⑤ 마리 씨와 벤자민 씨	도서관
⑥ 다니엘 씨	강남역
⑦ 저 사람들	지하철역
⑧ 서윤 씨	대학교
⑨ 선생님	사무실
⑩	

문법 01 'ㄹ' 불규칙

① 가: 집에서 학교가 멉니까?
　나: 네, 멀어요.
② 회사가 멀어서 빨리 출발해야 해요.

 쓰세요

기본형	–아/어요	–(스)ㅂ니다	–(으)니까	–(으)면서	–(으)세요
살다					
만들다					
멀다				X	X

V-(으)ㄹ 수 있다 / V-(으)ㄹ 수 없다

① 저는 김치를 먹을 수 있어요. ② 저는 한국어 할 수 있어요.	받침 O : -을 수 있다 받침 X : -ㄹ 수 있다 *ㄹ받침 : -ㄹ 수 있다
① 가: 영화를 같이 볼 수 있으세요? 　　나: 죄송합니다. 오늘은 바빠서 같이 볼 수 없어요. ② 가: 김치를 드실 수 있으세요? 　　나: 아니요, 매워서 먹을 수 없어요.	받침 O : -을 수 없다 받침 X : -ㄹ 수 없다 *ㄹ받침 : -ㄹ 수 없다

쓰세요

기본형	V-(으)ㄹ 수 있다	기본형	V-(으)ㄹ 수 없다
가다		마시다	
오다		가르치다	
보다		배우다	
하다		걷다	
먹다		자다	
읽다		공부하다	
듣다		숙제하다	

연습 1

보기	가: 마이클 씨, 한국어 책을 읽을 수 있어요? 나: 네, 읽을 수 있어요.

V-(으)ㄹ 수 있어요?	네, V-(으)ㄹ 수 있어요
① 한국말을 하다	하다
② 김치를 먹다	먹다
③ 부산에 혼자 가다	가다
④ 운전하다	하다
⑤ 축구를 하다	하다
⑥ 중국어를 하다	하다
⑦ 혼자 여기에 오다	오다
⑧ 이것을 쓰다	쓰다
⑨ 이 음식을 먹다	먹다
⑩	

┃보기┃

머리가 아파서 학교에 갈 수 없었어요.

A/V-아/어서	V-(으)ㄹ 수 없어요
① 배가 아프다	밥을 먹다
② 시간이 없다	영화를 같이 보다
③ 날씨가 나쁘다	공원에 가다
④ 오늘은 바쁘다	친구를 만나다
⑤	

연습 3

┃보기┃

가: 오늘 6시에 명동에 올 수 있어요?
나: 미안하지만 갈 수 없어요.

N에 V-(으)ㄹ 수 있어요?	미안하지만 V-(으)ㄹ 수 없어요
① 월요일 / 영화를 같이 보다	보다
② 주말 / 같이 서울 구경하다	서울 구경하다
③ 일요일 / 한국어를 가르치다	한국어를 가르치다
④ 토요일 / 일하다	일하다
⑤	

문법 03   **N을/를 잘하다[잘 못하다]**

① 가: 지훈 씨, 축구를 잘하세요?
　나: 네, 잘해요.

② 가: 왕훙 씨, 수영을 잘하세요?
　나: 아니요, 잘 못해요.

 연습

┃보기┃	가: 수영을 잘하세요? 나: 네, 잘해요. 　　아니요, 잘 못해요.

N을/를 잘 V-아/어요?	네, 잘 V-아/어요 아니요, 잘 못 V-아/어요
① 한국 술 / 마시다	마시다
② 노래 / 하다	하다
③ 한국어 책 / 읽다	읽다
④ 김치 / 먹다	먹다
⑤ 피아노 / 치다	치다
⑥	

제21과 생일 파티를 해요

문법01 N에게 N을/를 주다 / N께 N을/를 드리다
N께서 N을/를 주시다

① 친구에게 빵을 줍니다.
② (어제) 동생에게 볼펜을 주었어요.

---

① 아버지께 빵을 드려요.
② (내일) 선생님께 볼펜을 드릴 거예요.

---

① 아버지께서 빵을 주십니다.
② (어제) 선생님께서 볼펜을 주셨어요.

연습

| 보기 | 어제 다니엘 씨가 여자 친구에게 꽃을 주었어요. |

N이/가(께서) N에게(께)	N을/를 주다/드리다/주시다
① 저 / 동생	사탕과 과자
② (어제) 언니 / 저	가방
③ 동생 / 아버지	선물
④ (어제) 저 / 어머니	향수
⑤ (내일) 선생님 / 저	사전
⑥ 할머니 / 왕홍	책
⑦ (내일) 선생님 / 에리나 씨	커피

문법02   V-고 싶다

① 저는 고향에 가고 싶어요.
② 주말에 공원에 가고 싶었지만 비가 와서 못 갔어요.
③ 친구와 같이 한국 영화를 보고 싶어요.

 연습

보기	가: 방학에 무엇을 하고 싶으세요?
	나: 저는 여행을 가고 싶어요.

N을/를 [N에] V-고 싶으세요?	N을/를 [N에] V-고 싶어요
① 무엇 / 먹다	비빔밥 / 먹다
② 어디 / 가다	프랑스 / 가다
③ 누구 / 만나다	부모님 / 만나다
④ 무엇 / 배우다	한국어 / 배우다
⑤ 무엇 / 마시다	녹차 / 사다
⑥ 어디 / 살다	학교 옆 / 살다
⑦ 무엇 / 사다	옷 / 사다

문법03 N을/를 좋아하다[싫어하다]
N이/가 좋다[싫다]

① 저는 야구를 좋아해요. (O)
저는 야구가 좋아요. (O)

② 다니엘 씨는 야구를 좋아하세요. (O)
다니엘 씨는 야구가 좋아요. (X)

 연습 1

| ‖보기‖ | 가: 무슨 운동을 좋아하세요? |
| | 나: 저는 축구를 좋아해요. |

무슨 N을/를 V-(으)세요?	N을/를 좋아하다[싫어하다]
① 과일 / 좋아하다	사과 / 좋아하다
② 요일 / 좋아하다	토요일 / 좋아하다
③ 음식 / 좋아하다	불고기 / 좋아하다
④ 운동 / 싫어하다	농구 / 싫어하다
⑤ 영화 / 좋아하다	미국 영화 / 좋아하다

 연습 2

| ‖보기‖ | 가: 벤자민 씨, 무슨 운동이 좋으세요? |
| | 나: 저는 축구가 좋아요. |

무슨 N이/가 A-(으)세요?	N이/가 좋다[싫다]
① 드라마 / 좋다	한국 드라마 / 좋다
② 음식 / 싫다	김치 / 싫다
③ 요일 / 싫다	월요일 / 좋다
④ 운동 / 좋다	수영 / 싫다
⑤ 책 / 좋다	한국어 책 / 좋다

문법 01

N이/가 A/V-(으)ㄹ까요?

① 가: 내일 비가 올까요?
　 나: 글쎄요, (아마) 올 거예요.

② 가: 내일 날씨가 추울까요?
　 나: 추울 거예요.

③ 가: 내일 마이클 씨가 고향으로 갈까요?
　 나: 네, 갈 거예요.

연습 1

| 보기 |

　가: 내일 날씨가 좋을까요?
　나: 네, 좋을 거예요.

A/V-(으)ㄹ까요?	네, A/V-(으)ㄹ 거예요
① 내일 날씨가 춥다	★춥다
② 제니 씨가 오늘 파티에 오다	오다
③ 저 영화가 재미있다	재미있다
④ 선생님이 댁에 계시다	계시다
⑤ 시험이 어렵다	어렵다

연습 2

| 보기 | 가: 그 사람이 내일 고향에 갈까요?
| | 나: 아니요, 표를 못 사서 안 갈 거예요. |

A/V-(으)ㄹ까요?	아니요, A/V-아/어서 안 V-(으)ㄹ 거예요
① 에리나 씨가 학교에 가다	아프다 / 가다
② 다니엘 씨가 청소하다	바쁘다 / 청소하다
③ 지훈 씨가 6시에 오다	일이 있다 / 6시에 오다
④ 제니 씨가 술을 마시다	싫어하다 / 술을 마시다
⑤ 왕훙 씨가 주말에 친구를 만나다	시험이 있다 / 친구를 만나다

문법 02 (한번) V-아/어 보다

① 가: 이 책을 읽어 보세요. 아주 재미있어요.
　 나: 네, 읽어 보겠어요. 감사합니다.

② 가: 그 사람을 만나 보세요. 정말 친절해요.
　 나: 네, 알겠어요. 만나 보겠어요.

 연습

| 보기 | 가: 배가 고파요.
| | 나: 이 음식을 드셔 보세요. |

	N을/를[N에] V-아/어 보세요
① 날씨가 추워요.	이 옷 / 입다
② 여행을 가고 싶어요.	부산 / 가다
③ 한국 노래를 배우고 싶어요.	그 노래 / 듣다
④ 한국 드라마를 좋아해요.	요즘 드라마 / 보다
⑤ 머리가 아파요.	이 약 / 먹다

제23과 얼마를 바꿔 드릴까요?

문법01

V-아/어 주다

① 제가 바쁜데, 좀 도와 주세요.
② 한국말을 배우고 싶은데, 가르쳐 주세요.
③ 어머니께서 저에게 빵을 사 줄 거예요.

쓰세요

기본형	-아/어서	-(으)니까	-았/었어요	-아/어 주세요
돕다	도와서	도우니까		
기본형	-(스)ㅂ니다	-고	-지만	-아/어요
돕다				

연습 1

보기	어머니가 중국 음식을 만들어 주셨어요.

N이/가 N을/를	V-아/어 주었어요[주셨어요]
① 친구 / 숙제	돕다
② 아버지 / 책	사다
③ 마리 씨 / 기숙사 청소	하다
④	

| 보기 | 가: 배가 고프니까 음식을 만들어 주세요.
나: 네, 만들어 드리겠습니다. |

A/V-(으)니까 V-아/어 주세요	네, V-아/어 드리겠습니다
① 시간이 없다 / 빨리 가다	빨리 가다
② 책이 없다 / 책을 사다	사다
③ 영화를 보고 싶다 / 표를 사다	표를 사다
④	

| 보기 | 선생님께서 학생들에게 문법을 가르쳐 주셨어요. |

N이/가 N에게	N을/를 V-아/어 주었어요[주셨어요]
① 어머니 / 우리	음식 / 만들다
② 언니 / 저	치마 / 사다
③ 저 / 동생	영어 / 가르치다
④	

문법 02

가: (제가) V-(으)ㄹ까요?
나: (저에게) V-아/어 주세요

① 가: 생일에 무슨 선물을 사 줄까요?
　　나: 케이크를 사 주세요.

② 가: 무슨 음식을 만들어 줄까요?
　　나: 불고기를 만들어 주세요.

연습

| 보기 |

가: 숙제를 도와 드릴까요?
나: 네, 도와 주세요.

N을/를 V-아/어 드릴까요?	네, V-아/어 주세요
① 중국 요리 / 만들다	만들다
② 스키 / 가르치다	하다
③ 연필과 지우개 / 사다	사다
④	

문법 01

A-(으)ㄴ데 / A-았/었는데
V-는데 / V-았/었는데
N인데

1) -(으)니까
   비가 오니까 빨리 집에 갑시다.
   → 비가 오는데 빨리 집에 갑시다.

2) -지만
   한국어는 어렵지만 재미있어요.
   → 한국어는 어려운데 재미있어요.

3) 배경(背景, background)
   친구와 불고기를 먹는데 맛있어요.
   어제 시험을 봤는데 어려웠어요.

 쓰세요 1

기본형	V-는데	기본형	V-는데
가다		마시다	
오다		쓰다	
하다		읽다	
보다		먹다	
기본형	V-았/었는데	기본형	V-았/었는데
배우다		★ 걷다	
가르치다		★ 하다	
읽다		보다	
★ 듣다		입다	

 쓰세요 2

기본형	A-(으)ㄴ/는데	기본형	A-(으)ㄴ/는데
예쁘다		★ 춥다	
바쁘다		★ 덥다	
아프다		★맛있다	
좋다		★재미있다	
기본형	A-았/었는데	기본형	A-았/었는데
예쁘다		★ 춥다	
바쁘다		★ 덥다	
아프다		★ 맵다	
좋다		★ 어렵다	

┃보기┃

가: 배가 고픈데 밥을 먹을까요?

나: 네, 밥을 먹읍시다.

A/V-(으)ㄴ/는데 V-(으)ㄹ까요?	네, V-(으)ㅂ시다
① 머리가 아프다 / 병원에 가다	병원에 가다
② 한국어를 배우고 싶다 / 한국어학당에서 공부하다	한국어학당에서 공부하다
③ 시간이 없다 / 택시를 타다	택시를 타다
④ 길이 복잡하다 / 지하철을 타다	지하철을 타다
⑤ 한국 음식을 먹고 싶다 / 비빔밥을 먹다	비빔밥을 먹다
⑥	

┃보기┃

날씨가 추운데 집에 빨리 가세요.

A/V-(으)ㄴ/는데	V-(으)세요
① 피곤하다	기숙사에 가서 쉬다
② 배가 고프다	식당에 가서 식사를 하다
③ 머리가 아프다	병원에 가 보다
④ 부모님이 오시다	청소하다
⑤ 영화가 재미있다	친구와 같이 한번 보다
⑥	

연습 3

> **보기**　제 친구는 공부를 잘하는데 저는 못해요.

N은/는 A/V-(으)ㄴ/는데	N은/는 A/V-아/어요
① 한국어 / 배우다	영어 / 안 배우다
② 명동 / 멀다	사당 / 가깝다
③ 친구 / 축구를 좋아하다	저 / 농구를 좋아하다
④ 나 / 냉면을 먹다	다니엘 씨 / 비빔밥을 먹다
⑤ 한국 / 춥다	태국 / 덥다
⑥	

연습 4

> **보기**　어제는 많이 추웠는데 오늘은 따뜻해요.

어제는 A/V-았/었는데	오늘은 A/V-아/어요
① 날씨가 좋다	나쁘다
② 머리가 아프다	괜찮다
③ 비가 오다	눈이 오다
④ 저녁에 운동하다	친구를 만나다
⑤ 영화를 보다	공부하다
⑥	

 연습 5

| 보기 | 일요일에 이태원에 갔는데 사람들이 많았어요. |

A/V-았/었는데	A/V-았/었어요
① 인도 음식을 먹다	맛있다
② 제니 씨의 언니를 만나다	키가 크고 예쁘다
③ 명동에 가다	복잡하다
④ 주말에 영화를 보다	재미있다
⑤ 백화점에서 쇼핑하다	옷이 비싸다
⑥	

 연습 6

| 보기 | 어제 책을 사서 읽었는데 재미있었어요. |

A/V-았/었는데	A/V-았/었어요
① 주말에 친구를 만나다	같이 노래방에 가다
② 제주도에 가다	아주 아름답다
③ 드라마를 보다	슬프다
④ 어제 목이 많이 아프다	레몬 차를 마시다
⑤ 한국어 공부하다	어렵지만 재미있다
⑥	

제25과 경주에 도착하면 첨성대에 갑시다!

문법01

(내가) V-(으)ㄹ게요

① 가: 누가 명동에 가실 거예요?
　 나: 제가 갈게요.

② 가: 다니엘 씨가 요리를 하실 거예요?
　 나: 다니엘 씨는 오늘 바빠서 요리를 못 해요. 제가 할게요.

③ 가: 오늘 제가 바쁘니까 에리나 씨가 흐엉 씨 선물을 사세요.
　 나: 네, 제가 살게요.

④ 가: 서윤 씨가 아프니까 벤자민 씨가 요리를 하세요.
　 나: 네, 제가 요리를 할게요.

받침 ○ : -을게요
받침 X : -ㄹ게요
*ㄹ받침 : -ㄹ게요

쓰세요

기본형	(OO 씨가) V-(으)세요	(제가) V-(으)ㄹ게요
가다		
보다		
하다		
먹다	★	
읽다		
듣다	★	★

연습 1

| 보기 |

가: 누가 요리를 할 거예요?

나: 제가 할게요.

누가 V-(으)ㄹ 거예요?	제가 V-(으)ㄹ게요
① 영화표를 사다	사다
② 선생님께 전화를 하다	하다
③ 집에 있다	있다
④ 왕홍 씨를 도와주다	도와주다
⑤	

연습 2

| 보기 |

가: 누가 요리를 할 거예요?

나: 벤자민 씨가 할 거예요.

누가 V-(으)ㄹ 거예요?	N이/가 V-(으)ㄹ 거예요
① 영화표를 사다	서윤 / 영화표를 사다
② 선생님께 전화를 하다	흐엉 / 선생님께 전화를 하다
③ 집에 있다	다니엘 씨 / 집에 있다
④ 제니 씨를 도와주다	벤자민 / 왕징 씨를 도와주다
⑤	

문법 02

A/V-(으)면

① 가: 배가 아프면 병원에 가세요.
　　나: 네, 배가 아프면 병원에 갈게요.

② 가: 집에 가면 뭘 하실 거예요?
　　나: 집에 가면 음악을 들을 거예요.

③ 가: 시간이 있으면 우리 집에 오세요.
　　나: 시간이 있으면 흐엉 씨 집에 갈게요.

받침 O : -으면
받침 X : -면
*ㄹ받침 : -면

 **연습 1**

| 보기 | 저는 부모님이 보고 싶으면 전화해요.

A/V-(으)면	V-아/어요
① 시간이 있다	친구에게 편지를 쓰다
② 배가 고프다	밥을 두 그릇 먹다
③ 날씨가 좋다	공원에 가다
④ 기분이 나쁘다	노래방에 가서 노래를 하다
⑤	

 연습 2

| 보기 | 비가 안 오면 등산을 갈 거예요. 그렇지만 비가 오면 집에 있을 거예요.

A/V-(으)면 V-(으)ㄹ 거예요	그렇지만 A/V-(으)면 V-(으)ㄹ 거예요
① 날씨가 좋다 / 산에 가다	날씨가 나쁘다 / 집에 있다
② 기분이 좋다 / 노래를 하다	기분이 나쁘다 / 음악을 ★ 듣다
③ 친구들이 집에 오다 / 요리를 하다	친구들이 안 오다 / 쉬다
④ 시간이 있다 / 부산으로 여행을 가다	시간이 없다 / 시내 구경을 하다
⑤	

 연습 3

| 보기 | 가: 내일 날씨가 좋으면 여행을 갈까요?
나: 네, 좋아요. 내일 날씨가 좋으면 여행을 갑시다. |

내일 A/V-(으)면 V-(으)ㄹ까요?	네, A/V-(으)면 V-(으)ㅂ시다
① 날씨가 나쁘다 / 집에서 드라마를 보다	날씨가 나쁘다 / 집에서 드라마를 보다
② 숙제가 없다 / 명동에 가서 쇼핑을 하다	숙제가 없다 / 명동에 가서 쇼핑을 하다
③ 시간이 있다 / 무엇을 하다	시간이 있다 / 마이클 씨를 만나다
④ 비가 오다 / 무엇을 하다	
⑤	

 연습 4

| 보기 | 가: 배가 아프면 빨리 병원에 가세요.
나: 네, 병원에 갈게요. |

A/V-(으)면 V-(으)세요	네, V-(으)ㄹ게요
① 배가 고프다 / 밥을 ★ 먹다	밥을 먹다
② 시간이 많다 / 한국어 공부를 하다	한국어 공부를 하다
③ 시간이 없다 / 택시를 타다	택시를 타다
④ 친구가 보고 싶다	
⑤	

제26과 정말 아름답군요!

문법01

A-군요! / V-는군요!

① 오늘 날씨가 아주 좋군요!

② 가: 이 사람은 제 여자 친구예요.
　 나: 와, 정말 예쁘군요!

---

① 한국말을 아주 잘하시는군요!
② 숙제를 하면서 음악을 듣는군요!
③ 한국어를 배우시는군요!

연습 1

| 보기 | 불고기가 맛있군요! |

N이/가	A-군요!
① 날씨	좋다
② 가방	예쁘다
③ 남자 친구	멋있다
④ 시험	어렵다
⑤ KTX	빠르다

연습 2

| 보기 | 다니엘 씨, 한국어를 잘하시는군요! |

OO 씨, N을/를 [에/에서]	V-는군요!
① 서윤 / 요리 / 잘하다	
② 왕홍 / 중국어 / 잘 가르치다	
③ 제니 / 편지 / 쓰다	
④ 벤자민 / 사당동 / ★살다	
⑤ 흐엉 / 한국 요리 / ★잘 만들다	

문법 02-1 V-는 N

① 10시에 출발하는 지하철을 타세요.
② 지금 먹는 음식은 불고기예요.

 쓰세요

기본형	V-는 N	기본형	V-는 N
좋아하다 / 사람		만나다 / 친구	
다니다 / 학교		보다 / 영화	
공항으로 가다 / 버스		읽다 / 책	
공부하다 / 외국어		배우다 / 학생	

연습 1

| 보기 | 지금 전화하는 사람은 제 친구예요.

V-는 N은/는	N이에요[예요]
① 제가 만나다 / 친구	제니 씨
② 요즘 배우다 / 운동	태권도
③ 지금 보다 / 영화	한국 영화
④ 지금 숙제하다 / 사람	다니엘 씨
⑤ 우리를 가르치다 / 선생님	김 선생님

연습 2

| 보기 | 지금 전화하는 사람이 예뻐요.

V-는 N이/가	A-아/어요
① 제가 만나다 / 친구	멋있다
② 우리가 듣다 / 음악	좋다
③ 지금 보다 / 한국 드라마	재미있다
④ 지금 읽다 / 책	★ 어렵다
⑤ 내가 먹다 / 빵	맛있다

| 보기 | 가: 저분은 누구예요?
나: 저분은 우리를 가르치시는 선생님이세요. |

	V–는 N이에요[예요]
① 저 사람은 누구예요?	한국어를 배우다 / 학생
② 에리나 씨가 무엇을 읽어요?	에리나 씨가 읽다 / 한국어 책
③ 이 비스가 이디로 가요?	부신으로 가다 / 비스
④ 몇 시에 출발해요?	10시에 출발하다 / 비행기
⑤ 여기가 어디예요?	제가 다니다 / 학교

문법 02-2   V–(으)ㄹ N

① 가: 내일 명동에 가실 거예요?
　나: 아니요, 읽을 책이 많아서 갈 수 없어요.

② 가: 이것이 뭐예요?
　나: 동생에게 줄 선물이에요.

 쓰세요

기본형	오늘(지금) V–는 N	내일 V–(으)ㄹ N
가다 / 사람	가는 사람	갈 사람
보다 / 영화		
하다 / 숙제		
읽다 / 책		
듣다 / 음악		★
먹다 / 음식		

연습

| 보기 | 내일 만날 친구는 서윤 씨예요. |

N에 V-(으)ㄹ N은/는	A-(으)ㄴ N이에요[예요]
① 다음 주 / 보다 / 영화	재미있다 / 영화
② 내년 / 가다 / 나라	날씨가 ★춥다 / 나라
③ ★내일 / 하다 / 요리	맛있다 / 한국 요리

문법 02-3   A-(으)ㄴ N

① 가: 이것은 좋은 약이에요. 드셔 보세요.
　 나: 그래요? 먹어 보겠어요. 감사합니다.

② 가: 어떤 영화를 보고 싶으세요?
　 나: 재미있는 영화를 보고 싶어요.

쓰세요

기본형	A-(으)ㄴ	기본형	A-(으)ㄴ
예쁘다		★ 맛있다	
바쁘다		★ 재미있다	
아프다		★ 재미없다	
★ 멋있다		좋다	
★ 춥다		★ 덥다	
★ 맵다		★ 어렵다	
★ 쉽다		★ 맛없다	

연습

┃보기┃ 다니엘 씨는 친절한 사람이에요.

N은/는	A-(으)ㄴ N이에요[예요]
① 이 책	★ 재미있다 / 책
② 비빔밥	맛있다 / 음식
③ 제인 씨	예쁘다 / 사람
④ 벤자민 씨	머리가 좋다 / 사람
⑤ 이 음악	★ 아름답다 / 음악

문법 03 A/V-지요? / N(이)지요?

* 가: A/V-지요?
  나: 네, A/V-아/어요.

---

① 가: 벤자민 씨, 요즘 많이 바쁘시지요?
  나: 네, 많이 바빠요.
② 가: 서윤 씨, 시간이 없지요?
  나: 네, 일을 해야 해서 시간이 없어요.

※ 가: 저 사람이 한국대학교 학생이지요?
  나: 네, 한국대학교 학생이에요.

---

* 가: A/V-았/었지요?
  나: 네, A/V-았/었어요.

---

① 가: 왕홍 씨, 어제 노래방에 갔지요?
  나: 네, 노래방에 갔어요.
② 가: 에리나 씨, 어제 비빔밥을 드셨지요?
  나: 네, 비빔밥을 먹었어요.

 연습

보기	가: 오늘 날씨가 좋지요? 나: 네, 참 좋아요.

A/V-지요?	A/V-아/어요
① 주말에 아르바이트를 하다	
② 벤자민 씨 키가 크다	
③ 내일이 시험이다	
④ 지난 주에 시험이 끝나다	
⑤ 10년 전에 서울에서 살다	
⑥ 어제 날씨가 시원하다	

제27과 한국 전통 음악을 배우러 왔어요

문법 01 '르' 불규칙

① 버스 요금이 많이 올랐어요.
② 지하철이 빠르니까 지하철을 탑시다.

문법 02 V-(으)러 가다[오다, 다니다]

① 가: 마이클 씨, 어디에 가세요?
　 나: 식당에 가요.

　 가: 왜 식당에 가세요?
　 나: 밥을 먹으러 식당에 가요.

② 가: 요즘 무엇을 하세요?
　 나: 한국어학당에 다녀요.

　 가: 왜 한국어학당에 다니세요?
　 나: 한국어를 배우러 한국어학당에 다녀요.

쓰세요

기본형	V-(으)러 가요	V-(으)러 갔어요
밥을 먹다		
돈을 바꾸다		
친구를 만나다		
영어를 배우다		
빵을 사다		
책을 읽다		
한국어를 가르치다		

연습

보기	가: 왜 도서관에 가세요?
	나: 숙제를 하러 도서관에 가요.

왜 V-(으)세요?	V-(으)러 V-아/어요
① 명동에 가다	친구를 만나다 / 가다
② 백화점에 가다	선물을 사다 / 가다
③ 은행에 가다	돈을 바꾸다 / 은행에 가다
④ 공원에 가다	운동하다 / 가다

N보다 (더) A/V

① 가: 누가 키가 더 커요?
　나: 형이 저보다 더 커요.
　　　(저보다 형이 더 커요.)

② 가: 언제 더 바빠요?
　나: 월요일보다 토요일이 더 바빠요.
　　　(토요일이 월요일보다 더 바빠요.)

연습 1

┃보기┃　　형이 저보다 더 커요.

N이/가 N보다	더 A-아/어요
① 누나 / 형	바쁘다
② 오늘 / 어제	★춥다
③ 이번 주 / 지난 주	★덥다
④ 서윤 씨 / 에리나 씨	예쁘다
⑤ 귤 / 사과	크다
⑥ 불고기 / 비빔밥	맛있다

연습 2

보기	가: 무슨 음료수가 더 좋아요? 나: 커피보다 콜라가 더 좋아요.

N이/가 더 A-아/어요?	N보다 N이/가 더 A-아/어요
① 무슨 운동 / 재미있다	야구 / 축구 / 재미있다
② 언제 / 바쁘다	토요일 / 일요일 / 바쁘다
③ ★누구 / 좋다	지훈 씨 / 벤자민 씨 / 좋다
④ 어디 / 복잡하다	명동 / 사당동 / 복잡하다
⑤ 무슨 음식 / 맛있다	비빔밥 / 김밥 / 맛있다
⑥ 어디 / 아름답다	서울 / 제주도 / 아름답다

발행일   4판 6쇄 2022년 04월 08일

발행처   (주)도서출판 참
편 저   TOPIK KOREA

주 소   서울특별시 동작구 사당로 188
전 화   (02)595-5746
팩 스   (02)595-5749
홈페이지   koreatopik.com | chamkorean.com
등록번호   제 319-2014-52호

정 가   8,000원
ISBN   979-11-954215-4-1 14710 979-11-954215-0-3(세트)

이 도서의 국립중앙도서관 출판예정도서목록(CIP)은 서지정보유통지원시스템 홈페이지(http://seoji.nl.
go.kr)와 국가자료공동목록시스템(http://www.nl.go.kr/kolisnet)에서 이용하실 수 있습니다.
CIP 제어 번호 : CIP2013014988

Published by CHAM PUBLISHING
Phone +82 2 595 5746 Fax +82 2 595 5749